Kate Collins-Donnelly

Wie man die eigene Wut bekämpft

dgvt Verlag

Kate Collins-Donnelly

Wie man die eigene Wut bekämpft

Ein Trainingsbuch für junge Leute zu mehr Gelassenheit

Übersetzt und für deutsche Verhältnisse bearbeitet
von C. Wolfgang Müller

dgvt Verlag

Tübingen
2014

Die Originalausgabe erschien unter dem Titel:
Starving the Anger Gremlin
A Cognitive Behavioural Therapy Workbook
of Anger Management for Young People

Bibliografische Information der Deutschen Nationalbibliothek
Die Deutsche Nationalbibliothek verzeichnet diese Publikation in
der Deutschen Nationalbibliografie; detaillierte bibliografische
Daten sind im Internet über http://dnb.d-nb.de abrufbar.

Im Sudhaus
Hechinger Straße 203
72072 Tübingen

E-Mail: dgvt-Verlag@dgvt.de
Internet: www.dgvt-Verlag.de

Gestaltung & Satz: Julia Franke, Tübingen
Gesamtherstellung: KESSLER Druck + Medien GmbH & Co. KG, Bobingen

ISBN 978-3-87159-294-2

Inhaltsverzeichnis

Warum ich dieses Buch geschrieben habe

Ich heiße Kate und bin Psychologin. Ich habe mich darauf spezialisiert, Kinder und junge Leute zu beraten, die emotionale Schwierigkeiten im Umgang mit ihren Altersgenossen oder Erwachsenen haben.

Mein Wissen gebe ich auch an Eltern und andere Erzieher weiter, die häufig mit Kindern und jungen Leuten zu tun haben und die wissen möchten, wie man vernünftig mit ihnen umgeht. Bei meinen Gesprächen mit jungen Leute bin ich immer wieder auf die Frage gestoßen, warum wir eigentlich so häufig wütend werden und wie diese Wut uns häufig daran hindert, vernünftige Gedanken zu fassen und konstruktiv mit Problemen umzugehen, die offensichtlich immer wieder mit dieser Wut zusammen auftauchen und vielleicht sogar für sie verantwortlich sind. Bei meinen Gesprächen bin ich nicht nur auf junge Leute getroffen, die Probleme mit ihrer eigenen Wut hatten, sondern auch auf Kids, die mir gezeigt haben, wie sie konstruktiv mit dieser Wut umgehen, um nicht immer auf der Verliererseite zu stehen oder als unerträglich zu gelten.

Ich bedanke mich aber auch bei meinen Kolleginnen und Kollegen, die meine Arbeit kritisch begleitet und mir viele wertvolle Anregungen gegeben haben. Besonders bedanke ich mich bei Maria, die niemals daran gezweifelt hat, dass die Botschaft, die ich mit diesem Buch verbreiten will, einen wichtigen Beitrag leistet, damit wir uns untereinander besser verstehen und konstruktiver miteinander umgehen können. Aber ich bedanke mich auch bei den vielen jungen Leuten, von denen ich eine Menge profitiert habe – vor allem dann, wenn sie mir ihre Geschichten erzählt haben, die nicht nur Geschichten ihrer Wut, sondern auch der erfolgreichen Bewältigung dieser Wut waren.

Die Botschaft, dass so etwas geht und dass wir damit erfolgreich sein können, möchte ich mit diesem Buch auf eine einfache und leicht verständliche Weise verbreiten. Ob mir das gelingt, das werden mir meine Leserinnen und Leser im letzten Kapitel mitteilen, wenn es darum geht, „den Sack zuzubinden“. Bis zu diesem Ende wünsche ich uns allen eine vergnügliche und gleichzeitig produktive Lektüre!

Kate Collins-Donnelly

Informationen für Eltern und Erzieher

Sinn und Zweck dieses Arbeitsbuches

Ich bin beim Schreiben dieses Buches von einem lerntheoretischen Konzept ausgegangen, das man gemeinhin als „kognitive Verhaltenstherapie" bezeichnet. Dieses Konzept ist darauf gerichtet, notwendige Veränderungen des eigenen Verhaltens einzuleiten, sofern dieses Verhalten weder erfolgreich noch gesellschaftlich wünschenswert ist. Früher versuchte man solche Verhaltensänderungen durch Verbote und Bestrafungen zu erreichen. Die Verhaltensforschung hat aber gezeigt, dass solche „Sanktionen" häufig wirkungslos bleiben – schlimmer noch, zu einer allgemeinen gesellschaftlichen Atmosphäre führen, die Angst und Schrecken für all jene verbreitet, sofern sie auch nur im Verdacht stehen, vom rechten Wege abzuweichen. Deshalb arbeiten Verhaltenstherapeuten nicht mehr mit dem Mittel des Verbots (also mit Sanktionen), sondern sie betonen, dass auch sparsames Auftreten von wünschenswerten Verhaltensweisen genügt (sie arbeiten also mit „Gratifikationen"). Damit ein solches Training aber nicht zu puren Anpassungsleistungen führt, sondern die Kräfte der „Einsicht" und der „kognitiven Selbststeuerung" freisetzt, reicht es nicht aus, das erwünschte Verhalten zu „belohnen", sondern es muss auch als wünschenswert bewusst gemacht, d. h., in Wahrnehmung und Gedächtnis in uns allen verankert werden. Diesem Zweck dient mein Arbeitsbuch. Es setzt nicht voraus, dass es eines professionellen Verhaltenstherapeuten bedarf, um den Prozess der Selbstwahrnehmung und Selbstveränderung zu unterstützen und zu steuern. Wohl aber scheint sinnvoll, dass ältere Jugendliche oder Erwachsene, beispielsweise Mutter, Vater, Lehrer, Mentor, Sozialarbeiterin oder Pate, den Prozess begleiten, den ich mit diesem Arbeitsbuch in Gang setzen möchte. Allerdings habe ich feststellen können, dass auch professionelle Verhaltenstherapeuten die Anregungen gern nutzen, die ich in diesem Arbeitsbuch gebe.

Wahrnehmungen und Gefühle beherrschen unser Handeln

Der Ansatz der kognitiven Verhaltenstherapie basiert auf den empirischen Untersuchungen von Pawlow und Skinner und der Umsetzung und Weiterentwicklung dieser Erkenntnisse durch Therapeuten wie beispielsweise Aaron Beck. Es geht um die engen Beziehungen zwischen unseren Gedanken (der Kognition), unseren Gefühlen (den Emotionen) und unseren Verhaltensweisen

(Verhalten als immer wiederkehrende Form von Handlungen). Wenn wir ein Verhalten neu lernen oder umlernen wollen (oder sollen), dann spielt es eine große Rolle, wie wir unsere Erfahrungen in bestimmten Situationen interpretieren und welche Gefühle wir an diese Erfahrungen binden. Denn positive Gefühle erhöhen die Auftrittswahrscheinlichkeit von Handlungen, die wir mit diesen Gefühlen verbinden. Aber negative Gefühle können den gleichen Effekt haben – wir sprechen dann von Trotz, von Widerstand, von Wutausbrüchen.

In meinem Arbeitsbuch geht es vor allem um unerwünschte und wenig wirksame Verhaltensweisen, die sich um Ärger, Zorn und Wutausbrüche ranken. Diese Erscheinungsformen können nicht einfach unterdrückt werden. Wir müssen sie erkennen, müssen an ihnen arbeiten und nach alternativen Handlungsformen Ausschau halten. Dazu ist es notwendig, dass wir in der Begleitung solcher Prozesse der Selbsterkenntnis Antworten auf die folgenden drei Fragen suchen:

- Welche Probleme haben unsere Kinder und Jugendlichen?
- Wann und warum tauchen solche Probleme auf?
- Welche Verhaltensstrategien wenden unsere Jugendlichen an, um mit diesen Problemen fertig zu werden?

Auf der Basis solcher diagnostischer Fragen können wir zusammen mit unseren Klienten versuchen, die eigenen Verhaltensmuster kritisch zu überprüfen und zu bewerten,

- indem wir negative, ungesunde oder unrealistische Gedanken, Vorstellungen, Glaubenssätze und Überzeugungen als solche kennzeichnen und bewerten;
- indem wir die engen Beziehungen zwischen den aufgetretenen Problemen, den Gedanken, Gefühlen und Verhaltensmustern zur Sprache bringen;
- indem wir gemeinsam nach Möglichkeiten suchen, die alten, „erprobten", aber in die Irre führenden Verhaltensmuster durch neue Gedanken, Gefühle und Verhaltensweisen zu ersetzen, die konstruktiv, produktiv, gesund erhaltend und realistisch sind.

Es geht also bei diesem kognitiv-verhaltenstherapeutischen Ansatz darum, dass Menschen, Kinder, Jugendliche ebenso wie Erwachsene, unwirksame, unwillkommene und zu Konflikten mit der Umwelt führende Verhaltensmuster erkennen und verändern können, wenn sie dazu eine unterstützende Hilfe und eine Richtung gebende Anleitung durch eine Person ihres Vertrauens erhalten, die mit den Grundlagen der kognitiven Verhaltenstherapie in groben Zügen vertraut ist. Der Erfolg dieses Ansatzes der kognitiven Verhaltenstherapie ist bei Erwachsenen in vielen klinischen Studien nachgewiesen worden. Die Anwendung bei Kindern und Jugendlichen ist hingegen noch nicht so gut dokumentiert. Meine Erfahrungen und die Erfahrungen meiner Kolleginnen und Kollegen zeigen jedoch, dass es sich lohnt, mit diesem, das Positive betonenden Ansatz zu arbeiten.

Einleitung

Ich stelle mir vor, du bist ein Mädchen oder ein Junge mit einem Problem. Deine Eltern, deine Lehrer und deine Spiel- und Schulkameraden haben dir schon des Öfteren gesagt, dass du zu schnell in Rage gerätst, zu oft Rot siehst, zu aufbrausend reagierst und in vielen Fällen auch zu aggressiv wirst. Das, was du erlebst, nennt man in allgemeinen Begriffen „Ärger", „Zorn" oder in besonders heftigen Situationen „Wut".

Ist das so? Um das zu klären, bitte ich dich die folgenden Fragen zu beantworten.

Passiert es dir, dass du aus der Fassung gerätst und wütend wirst?
Ja häufig [ ] ja manchmal [ ] selten [ ] nie [ ]

Passiert es, dass du in Situationen, in denen du wütend geworden bist, aufschreist, den Raum verlässt und die Türe zuschlägst oder um dich schlägst und dabei Dinge kaputt machst?
Ja häufig [ ] ja manchmal [ ] selten [ ] nie [ ]

Passiert es dir, dass du in solchen Situationen die Kontrolle über deine Gefühle und über dein Handeln verlierst und hilflos neben dir stehst?
Ja häufig [ ] ja manchmal [ ] selten [ ] nie [ ]

Wenn du auch nur eine der drei Fragen mit „ja häufig" oder „ja manchmal" beantwortet hast, dann werde ich dir mit diesem Arbeitsbuch helfen können. Denn dieses Buch enthält eine Reihe von Informationen, Übungen und Anregungen für Gespräche mit anderen, die dir helfen können, deinen Ärger, deinen Zorn und deine Wut in den Griff zu bekommen und auf eine andere, positivere und konstruktivere Weise auszudrücken. Es geht um Techniken, den eigenen Ärger in den Griff zu bekommen und zu „managen". Dazu ist es sinnvoll, wenn du dieses Arbeitsbuch Schritt für Schritt und Seite für Seite intensiv durcharbeitest. Gut, wenn dir dabei ein älterer Jugendlicher oder Erwachsener zur Seite steht, mit dem du dich austauschen kannst und der sich über die Wechselwirkungen zwischen Wahrnehmungen, Gedanken und Erinnerungen, Gefühlen und Handlungen auskennt.

Aber bedenke ...

Wenn du anfängst, deinen eigenen Ärger und deine eigene Wut zu erforschen, dann kann das dazu führen, dass du auf Sachverhalte stößt, bei denen du schlucken musst, die dir unangenehm sind – vielleicht sogar schmerzlich. Deshalb wäre es wirklich von Vorteil, wenn dir eine Vertrauensperson zur Seite stehen könnte – jemand aus deiner Familie, eine Lehrerin, eine Sozialarbeiterin oder ein Trainer aus deinem Sportverein.

1 Wie kommt Wut zustande?

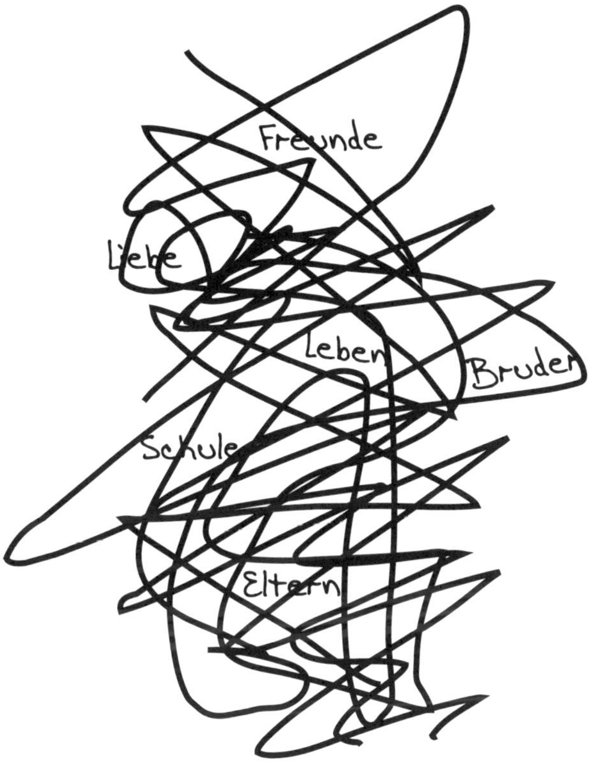

„Meine Wut" (Jasmin, 14)

Ärger, Zorn und Wut, das sind in unterschiedlichen Abstufungen wichtige Ausdrucksformen unserer Gefühle. Sie gehören zu unserem täglichen Leben dazu und sind so gesehen „natürliche" Ausdrucksformen, sofern wir unser modernes, kultiviertes Leben noch als „natürlich" bezeichnen wollen.

Ärger, Zorn und Wut helfen uns, mit einer Reihe von Herausforderungen „fertig zu werden":

* Wenn wir bedroht werden;
* wenn wir „verletzt" werden (= körperlich, durch Worte, oder symbolisch, wenn etwa unser Menschenrecht verletzt wird);
* wenn wir „frustriert" sind, weil wir daran gehindert werden, ein Ziel zu erreichen, das uns besonders wichtig erscheint.

So gesehen sind Ärger, Zorn, vielleicht sogar Wut Reaktionen, mit denen wir versuchen unsere tatsächliche oder wahrgenommene Bedrohung abzuwehren – uns also zu verteidigen. Aber diese verständliche Abwehrreaktion kann auch zum Problem werden:

* Wenn diese Reaktionen zu häufig und immer wieder infolge nichtiger Kleinigkeiten auftreten;
* wenn sie in unseren sozialen Beziehungen überhandnehmen: Etwa wenn sie dauerhaft das Miteinander in der Familie zerstören, wenn sie den Schulunterricht unterbrechen oder vielleicht sogar unmöglich machen oder wenn sie uns daran hindern, Beziehungen zu Personen aufzunehmen, die uns eigentlich am Herzen liegen;
* wenn sie als Wutausbruch eingesetzt werden, obwohl auch eine andere, kultiviertere Form der Interessenbekundung hätte erfolgreich sein können;
* wenn sie sich gegen die eigene Person und die eigene Gesundheit richten;
* wenn sie „heruntergeschluckt" werden und sich innerlich aufstauen bis zu einem explosionsartigen Ausbruch;
* wenn sie sich nicht gegen den Verursacher des Ärgers richten, sondern gegen eine dritte, unbeteiligte Person.

Ich habe in meinen Gesprächen mit Kids eine Reihe von Aussagen zu ihrem eigenen problematischen Verhalten festgehalten:

Immer wenn ich wütend werde, schlage ich los. (James, 14)	Wenn ich nicht kriege, was ich will, dann schreie ich meine Mutter an und fluche wie verrückt. (Peter, 13)
Ich schlage und boxe meinen Bruder. (Carl, 14)	Ich werfe Sachen auf den Boden und trampele darauf herum. (Molly, 15)
Ich sage schlimme Dinge und schreie wie verrückt. (Phillipa, 12)	Ich schlucke den Ärger herunter und wende ihn gegen mich. (Emma, 17)
Ich trampele alles nieder und schlage Löcher in die Wand. (Chris, 16)	Ich gerate aus der Fassung und schlage meine Mutter. Ich bin schrecklich! (Sally, 13)

Das sind Originalzitate von Kids. Klingen sie irgendwie vertraut? Bitte keine Schuldgefühle, wenn dem so ist. Denn um die eigene Wut zu verstehen, muss man mehr über sie wissen und muss lernen, wann und wie sie in uns aufsteigt und ob wir sie auf eine andere konstruktive Weise ausdrücken können. Also bitte nicht die Augen vor der eigenen Wut verschließen, sondern sie mit interessierter, aber gleichzeitig auch distanzierter Neugier betrachten wie einen fremden Forschungsgegenstand.

2 Wie ist das bei mir?

Bei dieser Übung geht es darum herauszufinden, was passiert, wenn du wütend wirst und wie du in deiner Wut agierst. Ich möchte dir helfen herauszufinden, ob du die Ausdrucksformen deines Ärgers selbst für unproblematisch, möglicherweise problematisch oder hochproblematisch ansiehst.

Mein Ärger, mein Zorn, meine Wut – eine Selbstbefragung

Erste Frage: Wie häufig passiert es eigentlich, dass ich ärgerlich, zornig und vielleicht sogar wütend bin? (Unterstreiche deine Einschätzung.)

sehr oft manchmal selten eigentlich nie

Zweite Frage: Wie äußert sich mein Ärger körperlich? (Unterstreiche dabei jede der zutreffenden nachfolgenden Bemerkungen.)

Mein Gesicht wird rot oder blass.

Ich könnte heulen.

Mein Mund wird trocken.

Ich rede schneller und lauter.

Ich fühle einen Kloß im Hals.

Mein Herz schlägt schneller.

Ich gerate ins Schwitzen.

Ich fahre innerlich Achterbahn.

Ich balle meine Fäuste.

Ich kann nicht mehr still sitzen.

Meine Muskeln spannen sich und der ganze Körper wird steif.

Dritte Frage: Es gibt unterschiedliche Arten und Weisen, wütend zu werden und es anderen zu zeigen. Ich habe sie in drei Gruppen zusammengefasst und bitte dich, jeden dieser Begriffe genau zu überprüfen, ob er auf dich zutrifft oder nicht.

Wenn ja, dann bitte ankreuzen. Im Anschluss versuche ich dir zu helfen, deine Reaktionsweisen auf Wut zu verstehen und einzuschätzen.

Verhaltensweisen der Gruppe A

- ☐ Ich bedrohe mein Gegenüber.
- ☐ Ich schreie herum.
- ☐ Ich schlage die Tür zu.
- ☐ Ich boxe mein Gegenüber in die Seite.
- ☐ Ich fluche.
- ☐ Ich schwöre Rache.
- ☐ Ich werfe mit Gegenständen.
- ☐ Ich beschuldige und drohe.
- ☐ Ich zerbreche Sachen.
- ☐ Ich verliere meine Kontrolle.
- ☐ Ich sehe mich nach einer Waffe um.
- ☐ Ich werde ganz rücksichtslos.
- ☐ Ich sage schreckliche Dinge.
- ☐ …

Verhaltensweisen der Gruppe B

- ☐ Ich wende die Kritik gegen mich selbst.
- ☐ Ich boxe mein Gegenüber heimlich in die Seite.
- ☐ Ich verbreite über mein Gegenüber schlimme Gerüchte.
- ☐ Ich füge mir selbst Schaden zu.
- ☐ Ich gebe mir selbst die Schuld für den Ärger
- ☐ Ich schlucke es herunter und warte auf bessere Zeiten.
- ☐ …

Verhaltensweisen der Gruppe C

- ☐ Ich rede mit jemandem darüber.
- ☐ Ich versuche mich zu entspannen und werde ganz cool.
- ☐ Ich zähle bis zehn.
- ☐ Ich versuche es zu vergessen.
- ☐ Ich halte mich da raus.

[ ] Ich gehe einfach weg.
[ ] Ich schreibe meine Gefühle in ein Tagebuch.
[ ] ...

Auf der folgenden Skizze schlage ich dir vor, deine Reaktionsweisen in einem Dreieck anzuordnen mit den folgenden Spitzen:

Gruppe A: Direkte Aggressionen
Gruppe B: Verdeckte Aggressionen oder Selbstbeschuldigungen
Gruppe C: Positive Formen der Verarbeitung von Wut

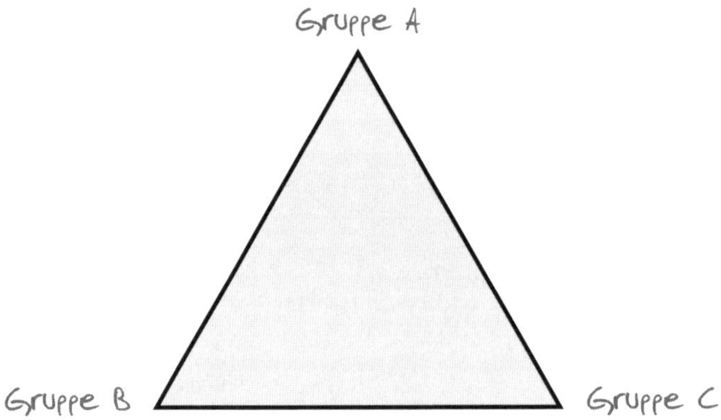

Platziere bitte in diesem Dreieck deine Reaktionen am besten als Kreissymbol in der Nähe der auf dich am meisten zutreffenden Spitze.

Mit dieser Übung kannst du erkennen, welche Formen der Antwort auf den eigenen Zorn und die eigene Wut für dich eine besondere Rolle spielen:

Die spontane Äußerung in aggressiver Form?
Die verschämte und abgeleitete Aggression gegen Dritte oder gegen dich selbst?
Der Versuch eine Atempause zu gewinnen, um noch einmal und in größerer Ruhe über das Geschehen nachzudenken?

Du hast nun einen ersten Schritt getan, um deine aggressiven Gefühle als Reaktion auf Ärger, Zorn und Wut in den Griff zu bekommen und auf produktive Weise zu wenden. Du bist nun bereit für den nächsten Schritt: zu verstehen, wann und warum dein Ärger dich heimsucht.

3 Was macht dich wütend?

Notiere in der Wutschachtel all die Dinge, die dich in letzter Zeit wütend gemacht haben. Am besten du fängst mit aktuellen Ereignissen an und tastest dich dann schrittweise in deiner Erinnerung zurück. Bitte halte die Situationen in Stichworten fest, die beteiligten Personen und die Art und Weise deiner Reaktion.

Wutschachtel

Die Personen und Ereignisse, die du da aufgeschrieben hast, sind möglicherweise nur Auslöser für deine Wut. Sie sind nicht notwendigerweise die wirklichen Ursachen.

Die wirklichen Ursachen liegen unter Umständen hinter den Auslösern. Ich möchte diesen allgemeinen Satz mit dir zusammen an einem Beispiel durchspielen.

Stell dir vor, eure Sportlehrerin stellt ein Fußballteam zusammen, das ein wichtiges Spiel gegen eure Partnerschule austragen soll. Du hast dir Hoffnungen gemacht, zu dem Team zu gehören. Aber dein Name fehlt. Du bist sauer, nachdem du die Spieleraufstellung gelesen hast, wirst zornig, und am Ende gehst du wütend nach Hause. Wer ist die Ursache für deine Wut?

Deine Sportlehrerin	☐ ja	☐ nein
Deine aufgestellten Mitschüler	☐ ja	☐ nein
Du selbst mit deinen Hoffnungen	☐ ja	☐ nein

Wie immer du dich entschieden haben magst, hier ist meine Auflösung:

Die Lehrerin hat die Mannschaft nach bestem Wissen und Gewissen zusammengestellt. Sie hat dich nicht berücksichtigt, aber auch nicht angegriffen.

Die aufgestellten Schüler wurden nach bestem Wissen und Gewissen ausgewählt. Ihre Aufstellung ist Anlass, aber nicht Ursache für deinen Zorn.

Du selbst bist Ursache für deinen Zorn: Du hattest die (vielleicht berechtigte, vielleicht auch nicht berechtigte) Hoffnung darauf, zum Team zu gehören. Deine Hoffnung wurde enttäuscht. Vielleicht hast du, um diese Enttäuschung zu verarbeiten, dir eine Situation phantasiert, in der die Lehrerin und die ganze Klasse sich gegen dich verschworen haben, um dich auf jeden Fall daran zu hindern, an dem entscheidenden Spiel teilzunehmen. Aber solange du das nicht weißt, ist es reine Phantasie oder, anders ausgedrückt, eine „Schutzbehauptung“, die du selbst aufgestellt hast, um deine Enttäuschung zu rechtfertigen.

Häufig werden wir also wütend, wenn sich unsere Hoffnungen als nicht erfüllt, vielleicht sogar als unerfüllbar herausgestellt haben. Ich will versuchen, es an einem anderen Beispiel zu erläutern.

Szenario 1

Deine Klasse hat ein kleines Schauspiel einstudiert, das ihr selbst geschrieben habt und nun öffentlich aufführt. Alle Eltern sind eingeladen. Du hast die Einladung persönlich deinem Vater übergeben und er hat zugesagt. Am Abend der Aufführung stellst du fest, dass er nicht erschienen ist. Du denkst:

* Das hätte er mir doch sagen können, dass er nicht kann!
* Offensichtlich hat er heute Abend etwas Besseres vor!
* Wahrscheinlich ist er bei seiner Arbeit aufgehalten worden!
* Es hat ihn wahrscheinlich nicht wirklich interessiert!

Jetzt versuche einmal festzustellen, ob dich deine unterschiedlichen Annahmen unterschiedlich ärgerlich machen. Markiere bitte deinen Ärger bei jeder einzelnen deiner Annahmen, warum dein Vater zu der abendlichen Aufführung nicht erschienen ist, auf einer Skala von 1 bis 10.

Erste Vermutung: Er hätte es mir doch einfach sagen können.
1 2 3 4 5 6 7 8 9 10
Ich bin überhaupt nicht ärgerlich. Ich bin ärgerlich. Ich bin sehr ärgerlich.

Zweite Vermutung: Er hatte heute Abend offensichtlich etwas Besseres vor.
1 2 3 4 5 6 7 8 9 10
Ich bin überhaupt nicht ärgerlich. Ich bin ärgerlich. Ich bin sehr ärgerlich.

Dritte Vermutung: Er ist wahrscheinlich bei der Arbeit aufgehalten worden.
1 2 3 4 5 6 7 8 9 10
Ich bin überhaupt nicht ärgerlich. Ich bin ärgerlich. Ich bin sehr ärgerlich.

Vierte Vermutung: Er war offensichtlich überhaupt nicht interessiert an unserem Spiel.
1 2 3 4 5 6 7 8 9 10
Ich bin überhaupt nicht ärgerlich. Ich bin ärgerlich. Ich bin sehr ärgerlich.

So, jetzt passiert Folgendes: Du kommst abends nach dem Spiel nach Hause und stellst mit Erschrecken fest, dass dein Vater am Nachmittag gestürzt ist, sich einen Knöchel verstaucht hat und ein Krankenhaus aufsuchen musste.

Wie fällt deine Reaktion jetzt aus, nachdem du weißt, was wirklich passiert ist?
1 2 3 4 5 6 7 8 9 10
Ich bin überhaupt nicht ärgerlich. Ich bin ärgerlich. Ich bin sehr ärgerlich.

Nun schaue dir bitte deine Einschätzungen auf den vor dir liegenden fünf Skalen an. Sind die Einschätzungen deines Ärgers gleich geblieben oder haben sie sich beim Vergleich der einzelnen Annahmen verändert? Wenn sie sich verändert haben: Welche Schlussfolgerungen ziehst du daraus?

Szenario 2

Gemeinsam mit deiner besten Freundin möchtest du auf einen Kostümball gehen. Ihr seid durch eine Menge Second-Hand-Shops gezogen, um schicke Kostüme auszusuchen, die euch als „Zwillinge“ ausweisen.

Einen Tag vor dem Ball erreicht dich eine Kurznachricht deiner Freundin: Es sei etwas dazwischen gekommen und sie müsse den gemeinsamen Ballbesuch leider absagen.

Du bist enttäuscht, sauer und schließlich sogar wütend. Du machst dir Gedanken über das, was bei deiner Freundin wohl dazwischen gekommen sein könnte. Du stellst unterschiedliche Vermutungen an:

- Ihre Eltern haben ihr verboten auf diesen Ball zu gehen.
- Sie hat etwas Besseres vor und lässt mich einfach sitzen.
- Sie soll ausgerechnet an diesem Abend auf ihre kleine Schwester aufpassen und kann sich gegen ihre Eltern nicht durchsetzen.
- Sie wollte von Anfang an nicht mit mir als Zwilling auf den Ball gehen. Vielleicht schämt sie sich sogar!

Bitte versuche dir jetzt vorzustellen, wie du auf die Absage deiner Freundin reagieren würdest, je nachdem, welchen Grund du hinter ihrer Absage vermutest.

Das Spiel kennst du ja bereits. Kreuze vier Mal hintereinander auf einer Skala von 1 bis 10 an, ob du, je nach Vermutung, über die Absage deiner Freundin „nicht ärgerlich“, „ärgerlich“ oder „sehr ärgerlich“ bist.

Erste Vermutung: Ihre Eltern haben ihr verboten, auf diesen Ball zu gehen.

1 2 3 4 5 6 7 8 9 10

Ich bin überhaupt nicht ärgerlich. Ich bin ärgerlich. Ich bin sehr ärgerlich.

Zweite Vermutung: Sie hat etwas Besseres vor und lässt mich einfach sitzen!

1 2 3 4 5 6 7 8 9 10

Ich bin überhaupt nicht ärgerlich. Ich bin ärgerlich. Ich bin sehr ärgerlich.

Dritte Vermutung: Sie soll ausgerechnet an diesem Abend auf ihre kleine Schwester aufpassen und kann sich gegen ihre Eltern nicht durchsetzen.

1 2 3 4 5 6 7 8 9 10

Ich bin überhaupt nicht ärgerlich. Ich bin ärgerlich. Ich bin sehr ärgerlich.

Vierte Vermutung: Sie wollte von Anfang an nicht mit mir als Zwilling auf den Ball gehen.

1 2 3 4 5 6 7 8 9 10

Ich bin überhaupt nicht ärgerlich. Ich bin ärgerlich. Ich bin sehr ärgerlich.

Und kurz vor Beginn des Balles findest du heraus, dass deine beste Freundin hohes Fieber hat und deshalb absagen musste. Wie steht es jetzt mit deinem Ärger?

1 2 3 4 5 6 7 8 9 10

Ich bin überhaupt nicht ärgerlich. Ich bin ärgerlich. Ich bin sehr ärgerlich.

Wie steht es jetzt um deine Wut, nachdem du die wahren Ursachen der Absage kennst?

Welche Schlussfolgerungen ziehst du daraus?

Wenn du die richtigen Schlussfolgerungen gezogen hast, dann enthalten sie bestimmt einen wichtigen Grundgedanken, an den du dich immer wieder erinnern solltest:

Wut kann eine verständliche und berechtigte Reaktion auf Misserfolge, Kränkungen und Enttäuschungen sein. In vielen Fällen ist sie aber das Ergebnis von Befürchtungen, die zunächst einmal auf ihren Wahrheitsgehalt überprüft werden sollten, ehe wir starke Gefühle an sie binden.

Deshalb: Du bist der Wut nicht ausgeliefert! Du kannst sie kontrollieren!

4 Wie bekomme ich meine Wut in Griff?

Im dritten Kapitel habe ich dargestellt, dass wir manchmal wütend werden, wenn wir uns falsche und für uns selbst beschämende Vorstellungen über die Gründe machen, warum andere uns in einer bestimmten Situation so behandeln, wie sie uns behandeln. Solche falschen Vorstellungen sind zweifellos eine *Ursache* dafür, dass wir manchmal wütend werden. Es gibt aber selbstverständlich auch noch eine Reihe von anderen möglichen Ursachen. Mit ihnen will ich mich in diesem Kapitel beschäftigen.

Dazu erzähle ich dir fünf verschiedene Geschichten und biete dir anschließend fünf unterschiedliche Begründungen an, von denen jede zu jeweils einer Geschichte passt. Wenn du die Geschichten gelesen und dir die Begründungen angeschaut hast, werde ich dich bitten herauszufinden, welche Begründung zu welcher Geschichte am besten passen könnte. Die Auflösung für dieses Rätsel findest du auf Seite 64. Aber bitte nicht schummeln und vorher nachsehen!

Szenario 1

Maria ist sechs Jahre alt. Sie erlebt immer wieder, wie ihr Vater die Geduld verliert, seine Frau beschimpft und mit Gegenständen um sich wirft. In letzter Zeit hat auch Maria eine Menge Ärger in der Schule, weil sie schnell die Geduld verliert und ihre Mitschülerinnen, manchmal auch die Lehrerin anmacht.

Szenario 2

Sam ist acht Jahre alt. Wenn er etwas haben will, dann schreit er los, und er schreit so lange, bis seine Eltern es ihm geben.

Szenario 3

Kim ist 13 Jahre alt. Seine Eltern haben immer wieder den Standpunkt vertreten, dass Homosexualität eine Sünde sei. Als Tim herausfindet, dass ein Schulkamerad offensichtlich mit anderen Jungen geht, wird er wütend und bricht einen Streit vom Zaun.

Szenario 4

Sarah ist 17 Jahre alt. Sie jobbt neben der Schule, um wenigstens ein bisschen Taschengeld zu haben, denn ihre Eltern sind beide arbeitslos. Eines Abends, als sie müde und kaputt auf dem Weg nach Hause ist, rempeln sie ein paar Jungs auf dem Bürgersteig an. Sie schreit, „Könnt ihr nicht aufpassen?“, und tritt einem der Jungen gegen das Schienenbein.

Szenario 5

David ist 18 Jahre alt. Eben hat er entdeckt, dass seine Freundin mit seinem besten Freund angebandelt hat. In der Schule wird ihm am gleichen Tag eine Prüfungsarbeit zurückgegeben, bei der er durchgefallen ist und die er deshalb wiederholen soll. Wütend wirft er das Heft auf den Boden, stürmt aus dem Klassenzimmer und schlägt die Tür hinter sich zu.

Hier folgen nun fünf unterschiedliche Begründungen für Misserfolgserlebnisse und das Auftauchen von Wut. Versuche bitte jede dieser Begründungen einem der fünf Szenarien zuzuordnen, die ich geschildert habe, und ziehe dazu eine Linie zwischen dem Szenario auf der linken und der Begründung auf der rechten Seite. Wenn du feststellen willst, ob deine Zuordnung mit meinen Vorstellungen übereinstimmt, dann überprüfe deine Wahl bitte mit der Seite 64 (Anhang 2).

Fünf verschiedene Gründe wütend zu werden

Szenario 1: Vorurteile, die ich irgendwo gehört habe und an die ich glaube.

Szenario 2: Enttäuschungen in Beziehungen, von denen ich mir sehr viel versprochen habe.

Szenario 3: Falsche Vorbilder, an denen ich mich orientiere.

Szenario 4: Persönliche Umstände wie Hunger, Müdigkeit oder Stress, die meine Abwehrkräfte schmälern.

Szenario 5: Falsche Beispiele, wie jemand sich durchsetzt, wenn er nur laut genug schreit.

Du siehst, dass wir unser Verhalten unter anderem auch an dem orientieren, was andere uns erfolgreich vormachen. Wut kann aber auch auftauchen, wenn wir uns eine Sache so sehr wünschen, dass wir zutiefst enttäuscht sind, wenn wir die Sache nicht bekommen oder erreichen oder erleben. Schließlich kann es auch eine äußere Mangelsituation sein, die uns dazu bringt, etwas Bestimmtes zu wollen oder zu vermeiden und die uns wütend macht, wenn das Gegenteil davon geschieht. Das alles können durchaus plausible Gründe sein, die unseren Ärger, unseren Zorn oder unsere Wut erklären. Sie sagen allerdings noch nichts darüber aus, wie sinnvoll es ist, ärgerlich zu sein, zornig zu werden oder der Wut freien Lauf zu lassen.

Deshalb werde ich mich im nächsten Kapitel näher und detaillierter mit der besonderen Beziehung zwischen der Wut und den sie auslösenden Faktoren beschäftigen.

5 Der kleine Teufel, der von unserem Ärger lebt

Ich rede in diesem Buch von dem Prozess, der damit beginnt, dass unseren Hoffnungen und Plänen etwas in die Quere gekommen ist, dass wir uns darüber ärgern und dass dieser Ärger sich schließlich in einer Wut niederschlägt, die zu Handlungen führt, die wir später mit großer Wahrscheinlichkeit bereuen.

Um diesen Prozess zu veranschaulichen, habe ich mir eine Geschichte ausgedacht: Sie handelt von einem kleinen Westentaschen-Teufelchen, das wir immer mit uns herumtragen und das darauf wartet, dass uns etwas in die Quere kommt, dass wir von einer Sache oder von einer Person enttäuscht werden, dass wir uns ärgern und schließlich in Wut ausbrechen. Von dieser Wut lebt unser kleines Teufelchen. Es wartet auf eine Situation, in der wir „sauer werden", es flüstert uns ein, wir sollten uns diesen Angriff nicht gefallen lassen, sondern mit kraftvollem Ärger antworten und diesen Ärger so lange steigern, bis er sich zu einer regelrechten Wut gemästet hat. Von dieser Wut lebt unser Teufelchen.

Denke bitte an die kleine Geschichte, die ich dir im dritten Kapitel erzählt habe. Dabei ging es um eine Theateraufführung in deiner Schule, bei der du eine wichtige Rolle gespielt hast. Dein Vater hatte versprochen, der Aufführung als ein interessierter und Beifall spendender Zuschauer beizuwohnen. Was ist schließlich passiert? Er ist nicht gekommen! Okay, denkst du – vielleicht ist ihm etwas dazwischengekommen. Aber da flüstert dir dein kleiner Westentaschen-Teufel ins Ohr: „Etwas dazwischengekommen? Wie kann er sich von einer so wichtigen Verabredung ablenken lassen? Das kann doch wohl nicht wahr sein!" Da denkst du: Na ja, vielleicht hatte er etwas anderes vor, was ihm im Augenblick wichtiger war. Das Teufelchen aber flüstert: „Dass ich nicht lache! Was sollte ihm wichtiger sein, als seinen Ältesten bei der Theaterpremiere zu bestaunen und zu beklatschen?" Das bringt dich dazu, den schrecklichen Gedanken ins Auge zu fassen, dass diese Aufführung deinen Vater vielleicht nicht wirklich interessiert hat. Und an dieser Stelle setzt das kleine Teufelchen in deiner Westentasche zu einem Generalangriff an: „Nicht wirklich interessiert, sagst du? Hast du dir einmal überlegt, welche Rolle du für deinen Vater überhaupt spielst? Bist du ihm wichtig? Denkt er an dich, wenn ihr auf Klassenfahrt seid? Hat er dir eigentlich wirklich herzlich zum Geburtstag gratuliert?"

Auf diese Weise stachelt das kleine Teufelchen in deiner Westentasche deine kleine Enttäuschung zu einem mittleren Ärger an und puscht ihn schließlich zu einem Wutausbruch gegenüber deinem Vater, der vielleicht wirklich nur den Vorortzug verpasst hat und zu spät zur Aufführung gekommen wäre.

Die Wutspirale

Jede Enttäuschung hat einen *Auslöser*. Jeder Auslöser produziert negative Gedanken. Negative Gedanken verstärken sich, wenn sie allein gelassen werden, und führen zu negativen Gefühlen und schließlich zu Verhaltensweisen, die von blanker Wut gezeichnet sind. Von dieser Wut aber nährt sich das kleine Teufelchen, das dir keine Ruhe gibt.

Das Ganze noch einmal in einem Schaubild:

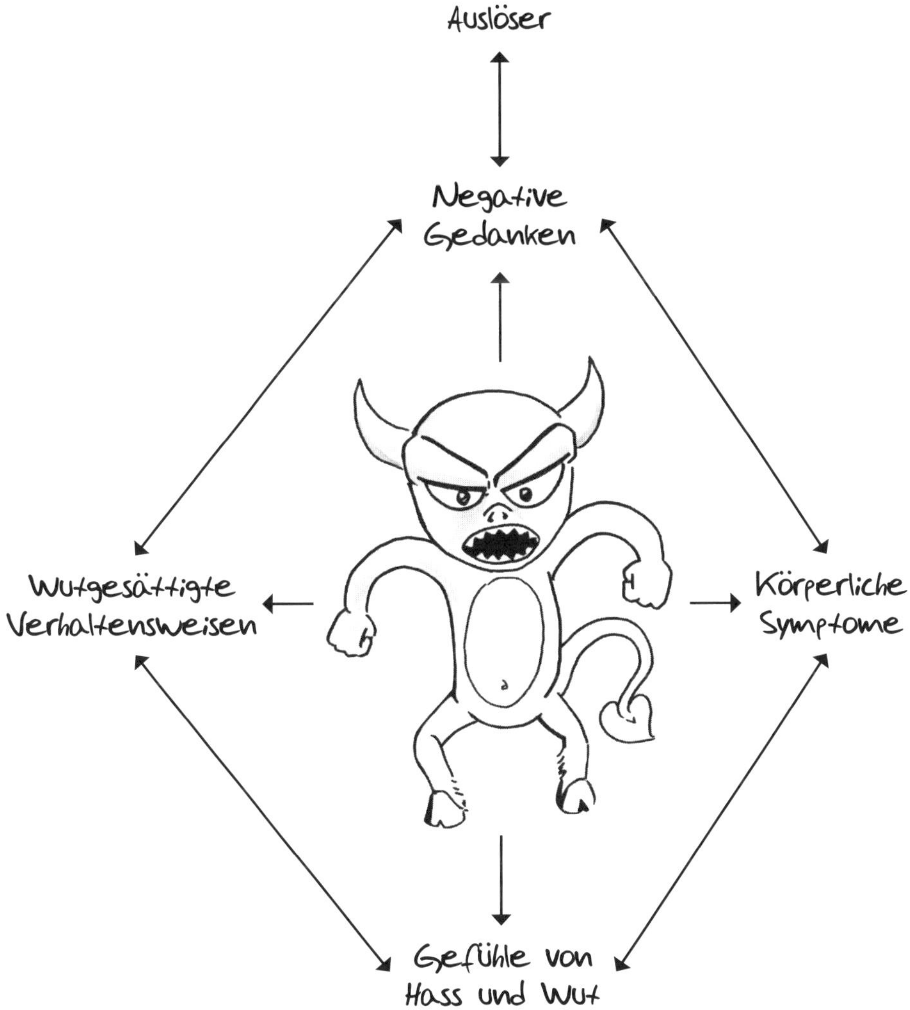

Lass mich das Ganze noch einmal an einem Beispiel durchspielen:

Auslöser: Stell dir einmal vor, du hast dich mit deinen Freunden zu einem Event verabredet. Deine Mutter hat davon erfahren. Sie ist dagegen und verbietet dir die Teilnahme.

Gedanken: Vielleicht beginnst du mit einem noch vergleichsweise positiven Gedanken:

Vielleicht hat sie Angst, dass du an falsche Freunde gerätst oder dass dir etwas passiert?

Dann denkst du, wie kommt sie eigentlich dazu, auf solche Gedanken zu kommen?

Das bringt dich zu der Vorstellung: Sie traut dir einfach nicht zu, dass du auf dich selbst aufpasst!

Das bringt dich zu der weiterführenden Frage: Wer oder was gibt ihr eigentlich das Recht, so über mich zu denken?

Und es endet mit dem Ausbruch: Wie kann sie es eigentlich wagen, mir das Event mit meinen Freunden zu verbieten!!!

Verhaltensweisen: Diese Gedanken führen dich möglicherweise zu einer Reihe von Verhaltensweisen, die deine Mutter vielleicht als „Trotz“ oder „Bockigkeit“ bezeichnen würde. Verstärkt durch die Einflüsterung des kleinen Teufelchens, „Du solltest dir das einfach nicht alles gefallen lassen!“, zeigst du deiner Mutter durch passiven Widerstand oder aktiven Widerspruch, wie unmöglich du ihr Verhalten findest.

Körperliche Symptome: Wahrscheinlich wird sich in dieser Situation dein Herzschlag beschleunigen, deine Körpertemperatur könnte ansteigen und du könntest sogar in Schweiß geraten. Das alles ist Futter für das kleine Teufelchen, das dir hinterlistige Fragen eingeflüstert hat, um deine Enttäuschung in Ärger zu verwandeln und den Ärger zur Wut zu mästen.

Gefühle: Deine Gefühle sind ein Produkt deiner Erfahrungen, deiner Vorstellungen, deiner Befürchtungen und deines Ärgers. Der Ärger kann in dem einen oder anderen Fall schnell wieder verfliegen. Die Gefühle, die du an diesen Ärger gebunden hast, haben häufig eine längere Lebensdauer. Du musst mit ihnen leben, selbst wenn der Auslöser für die Enttäuschung längst verschwunden ist.

Der Kreislauf setzt sich fort

Wenn du erst einmal einen solchen Kreislauf entwickelt hast, der von Anlässen über Befürchtungen, reaktive Verhaltensweisen und körperliche Symptome zu dauerhaften Wutanfällen gegen Situationen und Personen führt, dann kannst du ziemlich sicher sein, dass diese Wutanfälle sich gleichsam automatisch immer dann wiederholen werden, wenn dir ein neuer „Auslöser" widerfährt, der dich an den ursprünglichen Auslöser erinnert. Deine Mutter müsste dir dann nur noch einmal wieder „dumm kommen", damit du dich an die ursprüngliche Kränkung erinnerst und mit dieser Kränkung auch die ursprünglichen Gefühle produzierst. Das kleine Teufelchen in deiner Westentasche wird sich darüber freuen. Nun hat es wieder genügend Nahrung zum Überleben.

6 Wie man den kleinen Teufel aushungert

Das Ärger-Teufelchen ist kein liebenswerter Talisman, sondern ein Mitbewohner, der dir das Leben zur Hölle machen kann. Wie können wir es wieder loswerden? Wie können wir ihm seine Nahrung entziehen? Wie können wir es schließlich zum Verhungern bringen?

1. Das Teufelchen gar nicht erst wecken

Du kannst versuchen dich gar nicht erst „anmachen" zu lassen, beispielsweise:

* Einfach nicht hinhören.
* Aus dem Weg gehen und die Tür hinter dir zu machen.
* Tief durchatmen und bis zehn zählen.
* Einfach an etwas Freundliches denken, das dir vor Kurzem passiert ist.
* Die Melodie eines Schlagers summen, den du besonders magst.

Im Kreise deiner Familie und deiner Bekannten kannst du auch ein „Schlüsselwort" vereinbaren, das deinen Gesprächspartnern signalisiert, dass sie dich jetzt in Ruhe lassen müssen. Dieses Schlüsselwort dient auch dazu, dass du dir selbst ein „Stopzeichen" setzt, ehe du zu negativen Reaktionen kommst. Ich denke dabei an eine meiner Schülerinnen, Sofie, 15 Jahre alt, die das Schlüsselwort „Banana" gewählt hat, um sich selbst und ihren Gesprächspartnern zu signalisieren, dass sie jetzt nicht weiter „angemacht werden will".

2. Positiv denken

Angriffe und Misserfolge gar nicht erst wahrnehmen ist eine Möglichkeit, das Wut-Teufelchen auszuhungern. Aber manchmal kann man einfach nicht wegsehen. Und auch das Wegtauchen ist manchmal keine angemessene Verhaltensweise.

Deshalb lohnt es sich, wenn du dir in Erinnerung rufst, dass es manchmal auch das Denken über eine bestimmte Situation oder über eine bestimmte Person ist, das uns dazu bringt, dem Wut-Teufelchen Nahrung zuzuschustern. Denn immer, wenn du negative Gedanken in deinem Kopf denkst, fütterst du damit das Wut-Teufelchen und machst dir damit das Leben schwer.

Deshalb lohnt es sich darüber nachzudenken, wie du negative Gedanken in positive Gedanken verwandeln kannst, ohne dabei die Situation selbst, in der du dich befindest, „schön reden" – also in diesem Falle „schön denken" zu müssen.

Wenn du enttäuscht worden bist und Ärger in dir hochkommt, könntest du dich mit den folgenden Gedanken befreunden, die meine Schülerinnen und Schüler zusammengetragen haben:

3. Negatives Denken bekämpfen

Folgende Geschichte will illustrieren, wie du in einer bestimmten Situation negative Gedanken bekämpfen und positive Gedanken befördern kannst.

Zunächst aber das Szenario: Emilie schickt ihrer besten Freundin Anne eine Nachricht mit der Frage, ob man sich nicht möglichst bald mal wieder treffen könne. Anne antwortet nicht.

Welche negativen Gedanken würdest du an ihrer Stelle entwickeln?

Wieder habe ich eine Reihe meiner Schüler gefragt, wie sie in einer solchen Situation mit Enttäuschung, Ärger – vielleicht sogar wütend – reagieren könnten:

Jetzt drehen wir den Spieß einmal um. Ich frage dich: Welche anderen, positiven und gleichzeitig realistischen Gedanken könnte sich Emilie über das Schweigen von Anne machen?

Positive und realistische Gedanken
von Emilie über Anne

Auch ich habe wieder ein paar Antworten meiner Schülerinnen und Schüler aufgelistet, die mir bedenkenswert erscheinen.

Vergleiche bitte deine eigenen Vorschläge, wie Emilie mit dieser Situation umgehen könnte, mit den Vorschlägen auf dieser Seite. Hältst du sie für realistisch? Hältst du sie für eine bessere Möglichkeit, um das kleine Teufelchen nicht mit deiner unnützen Wut zu füttern?

Schlussfolgerung

Wenn wir etwas wollten und etwas getan haben, um das Gewollte auch zu erreichen und wenn wir dabei offensichtlich aufgelaufen sind und keinen vorzeigbaren Erfolg erzielen konnten, dann lohnt es sich, zunächst einmal nach neutralen Gründen für den ausgebliebenen Erfolg zu suchen und keine Phantasien zu entwickeln, die dem anderen, sich selbst oder der Situation Schuld zuweisen. Auf jeden Fall wirst du in einer solchen Situation versuchen herauszufinden, was wirklich Sache ist, statt dich mit negativen Phantasien zu belasten, die das kleine Westentaschen-Teufelchen dir einflüstern mag.

Bitte überlege dir eine Situation aus der nahen Vergangenheit, in der du – ähnlich wie Emilie – etwas gemacht hast und dabei zunächst einmal aufgelaufen bist bzw. nicht die erhoffte Gegenliebe erfahren hast.

Welches war die Situation, die mich kürzlich ärgerlich – vielleicht sogar wütend gemacht hat?

____

Was habe ich in dieser Situation gedacht?

____

Und was waren die tatsächlichen Fakten, die die Situation später erklärt haben?

____

Sind meine gegenwärtigen Gedanken realistisch und vernünftig?

____

Sehe ich die Situation heute entspannter als damals?

____

Was könnte ich tun, um auch in Zukunft realistischer und vernünftiger mit schwierigen Situationen umzugehen, die Ärger – vielleicht sogar Wut erzeugen können?

____

____

7 Wir trainieren einen konstruktiven Umgang mit Ärger

In dem Wut erzeugenden Kreislauf, den ich auf S. 29 aufgezeichnet habe, gibt es einen engen Zusammenhang zwischen Gedanken, Gefühlen und Handlungsweisen. Über Gedanken und Gefühle sprechen wir in diesem Buch vor allem deshalb, weil sie zu Handlungen und Verhaltensweisen führen und weil ich möchte, dass du an diesen Handlungen und Verhaltensweisen arbeiten kannst, um Reaktionen zu vermeiden, die ins Leere führen – oder zu neuen Schwierigkeiten, die dich nicht weiterbringen, sondern dir neue Steine in den Weg legen.

In den meisten Fällen, in denen du dich enttäuscht oder verletzt gefühlt hast und in denen Ärger, vielleicht sogar Wut in dir aufgestiegen sind, bist du sicherlich davon ausgegangen, dass du ein Recht auf diesen Ärger und auf diese Wut hattest, weil dir ein Unrecht geschehen ist. In einer solchen Situation ist es gut, wenn du deine Gefühle von Ärger oder Wut ausdrückst und nicht etwa „auf Flaschen ziehst“ und darauf wartest, sie später einmal herausholen zu können, wenn die gesammelte Wut den Korken aus der Flasche treibt. Ich will versuchen in den folgenden drei Geschichten Beispiele aufzuzeigen, was ich meine, wenn ich empfehle, deinen Ärger und deine Wut auf eine „konstruktive“ Weise auszudrücken.

Szenario 1

Laura hat herausgefunden, dass der Freund, mit dem sie gerade geht, auch mit zwei anderen Mädchen herummacht, die sie gut kennt. Sie fühlt sich am Boden zerstört und unbeschreiblich wütend. Sie stellt ihren Freund zur Rede, beschimpft ihn und bearbeitet ihn mit ihren Fäusten.

Frage:
Ist diese Reaktion Futter für unser kleines Westentaschen-Teufelchen?

Meine Antwort lautet:
Diese Reaktion ist natürlich Futter für das kleine Teufelchen.

Könnte Laura ihren Ärger auch auf eine andere, positivere Weise ausdrücken, die kein Futter für unser kleines Teufelchen liefern würde?

Wie könnte Laura reagieren, ohne dem Westentaschen-Teufelchen neues Futter zu liefern?

Hier habe ich wieder ein paar Reaktionen versammelt, die meine Schülerinnen mir vorgeschlagen haben:

Szenario 2

Tom kommt an einem Abend später nach Hause, weil der Bus ausgefallen ist. Seine Mutter empfängt ihn mit Vorwürfen, weil sie glaubt, dass er irgendwo hängen geblieben ist und sich betrunken hat. Tom fühlt sich missverstanden und verliert seine Fassung.

Frage:
Ist seine Reaktion wieder einmal Futter für unser Westentaschen-Teufelchen?

Die Antwort lautet:
Ja, sie ist Futter für den Teufel.

Aber wie könnte Tom reagiert haben,
ohne damit dem kleinen Teufelchen
Futter zu geben?

Hier ein paar Antworten, die ich mir notiert habe:

Szenario 3

Harrys Vater ist vor zwei Jahren gestorben. Als Elternvertreter hatte er in der Schulöffentlichkeit eine gewisse Rolle gespielt. Nun macht ein Mitschüler von Harry eine blöde Bemerkung über die Reputation seines verstorbenen Vaters. Harry stellt den Mitschüler zur Rede und es kommt zu einer körperlichen Auseinandersetzung. Ein Lehrer greift ein. Harry bekommt eine Strafe verhängt, weil er die Rauferei begonnen hat.

Frage:
War die Art und Weise, wie Harry reagiert hat, Futter für unser kleines Teufelchen?

Die Antwort lautet:
Die Rauferei war offensichtlich Futter für den kleinen Teufel.

Was hätte Harry anders machen können, ohne den Angriff auf seinen verstorbenen Vater durchgehen zu lassen? Wie könnte Harry den Ruf seines Vaters verteidigen?

Wieder habe ich ein paar Antworten zusammengestellt, die meine Schüler mir gegeben haben.

Was immer du aufgeschrieben hast und wie immer du die Reaktionen bewerten magst, die ich wiedergegeben habe: Es geht immer um zwei vernünftige und weiterführende Reaktionsweisen.

1. Bleib ruhig!
2. Rede darüber: mit dir selbst, mit deinem Handlungspartner oder mit Dritten!

Darüber reden ist die beste Medizin – besser jedenfalls als das wortlose „Herunterschlucken". Auf Worte kann man mit Worten reagieren. Auf Faustschläge kann man meist nur mit Faustschlägen antworten. Entscheidend bei der Reaktion mit Worten ist allerdings, dass die Worte ruhig und sachlich ausgesprochen werden und nicht wie „Wörter als Faustschläge" von den Beteiligten erlebt werden. Wie man den aufsteigenden Ärger an sich abprallen lassen kann, das habe ich in diesem Buch an einigen Beispielen illustriert (s. S. 32). Versuche dir selbst eine Strategie auszusuchen, die am besten zu deiner Person passt. Trainiere diese Reaktion in möglichst vielen unterschiedlichen Situationen, damit du sie auch in Konfliktsituationen jederzeit leicht abrufen kannst.

Denke dabei bitte immer daran, dass es vor allem darum geht, dass du den anderen verwertbare Informationen darüber gibst, was du fühlst und in welchem Zustand du dich im Augenblick befindest. Dazu aber ist notwendig, dass du den anderen gegenüber eine Haltung entwickelst, die ihnen unterstellt, dass sie dich verstehen wollen und verstehen können.

Sicher kannst du dich auch an andere Personen deines Vertrauens wenden, die im Konflikt selbst keine Rolle spielen: Freundinnen und Freunde, Eltern, andere Verwandte, Lehrer, Sozialarbeiter oder Berater. Erzähle Ihnen so cool wie möglich, was du erfahren und erlitten hast, was dich bewegt und wie du dich fühlst. Wenn du das alles losgeworden bist, wird dir das mit Sicherheit helfen, Lösungen für die Zukunft zu entwickeln und Verhaltensweisen zu trainieren, die dich künftig widerstandsfähiger gegen Ärger und Wut machen.

Frage: Aber was kannst du tun, wenn du niemanden hast, mit dem du dich aussprechen kannst?

Okay, das ist eine schwierige Situation, aber du kannst immerhin deine Gedanken und Gefühle in ein Tagebuch schreiben. Das mag dir zwar im Augenblick nicht helfen, aber wenn du die aufgeschriebenen Gedanken später einmal liest, können sie dir eine große Hilfe sein, um künftig anders mit Schwierigkeiten umzugehen, die aus deinem Ärger und deiner Wut entstanden sind. Deshalb möchte ich dich dazu ermuntern, mit einem „Tagebuch meines Ärgers" zu beginnen und dieses Tagebuch auch in Zukunft von Fall zu Fall fortzusetzen. Am besten verwendest du dazu ein eigenes Heft, das auf dem Umschlag auch den Titel „Tagebuch meines Ärgers" trägt. Es könnte von Fall zu Fall die folgenden Informationen enthalten – das ist ein Vorschlag –, du kannst es aber auch anders führen.

Tagebuch meines Ärgers

Ort und Datum

Ich war heute sauer und habe mich richtig aufgeregt, weil

Wie habe ich mich dabei benommen?

Wie ist es weitergegangen und welche Folgen hat es gehabt?

War das Futter für mein Teufelchen? ☐

Hat es mein Teufelchen ausgehungert? ☐

Wenn es Futter für mein Teufelchen war – was könnte ich in Zukunft tun, um ihm das Futter zu entziehen?

Was könnte das für positive Folgen für mich haben?

8 Nicht mehr wütend sein!

Was ich tun und was ich meiden muss

Ich habe dich jetzt in sieben Kapiteln an die Hand genommen und mit dir verschiedene Möglichkeiten durchgespielt, wie du auf ärgerliche und Wut erzeugende Anlässe reagierst, welches Futter dabei für das kleine Westentaschen-Teufelchen abfällt und welche alternativen Möglichkeiten du hast, anders zu reagieren, anders zu denken und anders zu fühlen, um dem Teufelchen kein Futter mehr zu geben. Nun bitte ich dich, den Kasten unten in großer Ruhe und Nachdenklichkeit auszufüllen, indem du einfach in der linken Spalte untereinander alle Möglichkeiten auflistest, die dir einfallen, um Ärger zu vermeiden und Wut zu dämpfen. Und in der rechten Spalte alle Möglichkeiten, die du vermeiden wirst, weil sie deinen Ärger vervielfachen und deine Wut befördern. Nimm dir Zeit dazu und komme immer wieder auf diese Liste zurück, wenn du neue Erfahrungen machst, die dir helfen, das Richtige zu tun und das Falsche zu lassen.

Nicht mehr ärgern – was ich tun und was ich lassen könnte

Was ich tue ...	Was ich meide ...

9 Was der Ärger mit mir macht

Wir sind jetzt dabei, verschiedene positive und negative Reaktionsweisen zu betrachten und uns zu fragen, was sie für dich bedeuten und was sie bei dir bewirken.

Dazu bitte ich dich, dir noch einmal verschiedene Situationen vor Augen zu führen, in denen du enttäuscht, ärgerlich oder wütend gewesen bist und dabei Futter für das Westentaschen-Teufelchen spendiert hast. Was ist in diesen Situationen passiert und was haben sie mit dir gemacht?

Was die Wut aus mir macht

Wieder habe ich eine Reihe von Äußerungen meiner Schülerinnen und Schüler aufgeschrieben, mit denen ich dieses Buch gelesen und durchgesprochen habe. Sie können dir zeigen, wie Altersgenossen auf den Ausdruck ihres Ärgers reagiert haben.

Weil ich immer gleich so wütend war und Rot gesehen habe, hat mir meine Mutter gedroht, sie würde ihre Zeit überhaupt nicht mehr mit mir verbringen. Ich sei schrecklich und unerträglich. (Willy, 14)	Ich muss jetzt immer hart daran arbeiten, dass die Leute mir glauben, weil ich früher immer neben mir stand und einen fürchterlichen Eindruck gemacht habe. (Emma, 18) Ich hasse es, so wie ich bin. Ich kann meine Wut einfach nicht kontrollieren. (Christine, 15)
Also in der Schule habe ich dann immer Schwierigkeiten gehabt. (Janna, 14)	Also manchmal bringe ich mir selbst Schmerzen bei! Ich weiß keinen anderen Weg, meine Wut auszudrücken. (Jens, 17)
Meine eigene Wut bringt mich immer wieder aus der Fassung. (Dan, 13)	Seit meinen vielen Wutanfällen fühle ich mich verdammt einsam. (Theo, 15)
Nach einem Wutausbruch bin ich immer richtig traurig. (Klaus, 13)	Ich habe meine beste Freundin verloren, weil ich immer so leicht aufbrause. (Jessica, 18)
Ich hab sogar schon mal Ärger mit der Polizei bekommen. (Craig, 16)	Weil ich immer gleich laut werde, machen sie mich auch für Sachen verantwortlich, mit denen ich überhaupt nichts zu tun habe. (Joel, 15)

Was der Ärger mit anderen macht

Bei Ärger und Wut geht es nicht nur darum, sich selbst zu betrachten und zu fragen, was diese Ausbrüche mit einem machen, sondern es geht auch darum zu überlegen, was man anderen damit antut und was man bei ihnen bewirkt. Bitte nimm dir Zeit und überlege, wie andere auf deine Wut reagiert haben und was du ihnen damit angetan hast.

Was meine Wut bei anderen bewirkt

Hier habe ich wieder eine Reihe von Äußerungen aufgeschrieben, die andere junge Leute in diesem Zusammenhang von sich gegeben haben.

Mit einem Buch habe ich nach diesem Idioten in meiner Klasse geworfen. Ich wollte ihn gar nicht richtig treffen. Aber später hat er mich immer wieder damit aufgezogen, dass ich nicht mal richtig werfen kann. (Will, 14)

Meine Schwester spricht nicht mehr mit mir. (Lisa, 12)

Mein Vater hat mir gesagt, dass er mir nichts mehr abnimmt. (Ray, 17)

Die Leute gehen mir jetzt aus dem Weg. (Jack, 16)

Ich glaube, dass mein Bruder mich jetzt immer mehr kopiert. Er wird so übellaunig und aggressiv. (Rolf, 13)

Ich bringe meine Mutter immer wieder zum Weinen. (Tara, 15)

Als ich noch jünger war, habe ich meine Mutter manchmal geschlagen. Einmal habe ich sie wirklich richtig verletzt. (Sarah, 16)

Meine Mutter hat mich aus dem Haus geworfen! Sie sagte, sie könne mit mir einfach nicht fertig werden. (Melinda, 18)

Mein Vater musste letzten Monat 150 Euro für den Fernseher blechen, den ich in meiner Wut beschädigt habe. (Cindy, 16)

Deine Erfahrungen und die Erfahrungen, die andere mit ihrer Wut gemacht haben, führen mir immer wieder vor Augen, dass Wut keine persönliche Angelegenheit ist, die ich nur mir selbst gegenüber verantworten muss, sondern dass Wut unser gesamtes soziales Leben betrifft und beeinflusst und auch deutliche Konsequenzen für andere Menschen hat. Ich will einige dieser Konsequenzen einmal zusammenfassen und dir und allen anderen Leserinnen und Lesern vor Augen führen.

Körperliche Folgen der Wut

Ich habe schon einmal im zweiten Kapitel darauf hingewiesen, dass Wutanfälle auch körperliche Erscheinungen hervorrufen und Ausfälle produzieren. Der Blutdruck steigt, der Körper produziert Adrenalin, um deine Kampfbereitschaft zu erhöhen. Du setzt dich selbst unter Starkstrom. Wenn das immer wieder passiert, kann das deutliche und schädliche Folgen für deine Gesundheit haben. Es führt beispielweise zu

* Kopfschmerzen,
* Bluthochdruck,
* Herzrasen,
* Anfälligkeit für verschiedene Krankheiten,
* Magenschmerzen, vermehrte Magensäure bis hin zu Magengeschwüren und
* zu einer Reihe anderer Beschwerden, an die ich im Augenblick gar nicht denken mag.

Aber auch andere Menschen werden in ihrem körperlichen Wohlbefinden durch deine Wutanfälle negativ beeinflusst. Deine Eltern machen sich Sorgen, deine Lehrer fühlen sich am Ende ihres Lateins angekommen, auf der Party sinkt die Stimmung der Klassenkameraden, wenn du den Raum betrittst.

Emotionale Folgen der Wut

Wiederkehrende Wutanfälle haben deutliche Folgen für die Entwicklung unserer Gefühle im Umgang mit uns selbst. Unser Selbstbewusstsein und unsere Selbstachtung können sinken, wir fühlen uns gestresst, wir wirken niedergeschlagen und traurig und lassen die anderen fühlen, dass wir dauerhaft vom Leben enttäuscht sind. Mit solchen Menschen möchte niemand zu tun haben oder eine engere Beziehung eingehen. Die Wut verbreitet um uns herum eine unsichtbare Sperrzone, die niemand gern freiwillig betritt. Ältere Männer, die unter dauerhaften Wutanfällen leiden, nennt man in der internationalen Literatur „einsame Wölfe", die jedermann meidet, weil sie alles wegbeißen, was ihnen in die Quere kommt.

Soziale Folgen der Wut

Es liegt auf der Hand, dass niemand sich gern freiwillig deinen Wutausbrüchen aussetzen möchte. Mit der Zeit wirst du immer mehr und immer größere Schwierigkeiten haben, neue Bekanntschaften zu machen, neue Freundschaften zu schließen und dauerhaft ein erfülltes soziales Leben zu führen.

Wie du in den Äußerungen gelesen hast, die ich auf den vorangegangenen Seiten zusammengestellt habe, wirken sich dauerhafte Wutausbrüche auch auf den Ruf aus, der sich um dich herum bei anderen verbreitet. Du wirst nicht mehr gern gesehen. Man geht dir aus dem Weg, und du wirst Schwierigkeiten haben, deine positiven Seiten erfolgreich ins Spiel zu bringen. Du wirst jemand werden, dem keiner mehr über den Weg traut, weil er seine Wutausbrüche fürchtet, den auch keiner mehr mit wichtigen und lohnenden Aufgaben betraut, die unser aller Leben zu einer Erfolgsgeschichte machen.

Ich möchte nicht, dass dein Leben zu einer Misserfolgsgeschichte wird. Ich möchte dir mit diesem Buch helfen, deine Wut nicht zu unterdrücken – weil sie häufig verständliche Ursachen und Gründe haben mag –, sondern in konstruktive Handlungen zu überführen, die durch realistische Gedanken und freundliche Gefühle unterstützt werden. Auf der folgenden Seite habe ich in einem Kasten die verschiedenen Möglichkeiten zusammengetragen, wie du anders auf ärgerliche und Wut erzeugende Anlässe reagieren kannst. Hinter jedem dieser Vorschläge findest du drei Kästchen, in die du jeweils ein Kreuz machen kannst. Das Kreuz im ersten Kästchen bedeutet: Das mache ich schon häufig. Das Kreuz im zweiten Kästchen bedeutet: Das mache ich manchmal. Das Kreuz im dritten Kästchen bedeutet: Das werde ich demnächst einmal versuchen.

Wie es auch anders geht	mache ich häufig	mache ich manchmal	nehme ich mir vor
Ich schreie nicht los, sondern rede hinterher mit meiner Mutter.	☐	☐	☐
Ich antworte nicht auf einen Angriff, sondern gehe einfach weg.	☐	☐	☐
Ich schlage nicht zu, sondern zähle einfach bis zehn.	☐	☐	☐
Ich werfe nicht mit erreichbaren Gegenständen, sondern gehe in mein Zimmer und schreibe in mein Tagebuch, was ich fühle.	☐	☐	☐

Wie es auch anders geht	mache ich häufig	mache ich manchmal	nehme ich mir vor
Ich fluche nicht, sondern atme tief durch.	☐	☐	☐
Ich zerbreche keine Gegenstände, sondern überlege mir, was die Wiederbeschaffung kostet.	☐	☐	☐
Ich antworte nicht auf Beleidigungen, sondern überhöre sie einfach.	☐	☐	☐
Ich schlage die Tür nicht einfach hinter mir zu, sondern verlasse geräuschlos den Raum.	☐	☐	☐
Ich fange keine Schlägerei an, sondern frage mich: „Lohnt es sich eigentlich?“	☐	☐	☐

Welche Wirkungen könnte das haben?

Ich bin endlich mal wieder stolz auf mich.
Mein Vater hat mir die Hand auf die Schulter gelegt.
Ich bin in letzter Zeit nicht mehr in allzu große Schwierigkeiten geraten.
Irgendwie haben sich manche Dinge von selbst geklärt.
Niemand hat sich in letzter Zeit durch mich verletzt gefühlt.
Irgendwie glaube ich, dass mich die Leute wieder mögen.
Ich habe wirklich ein paar neue Freunde gewonnen.
Mein Klassenlehrer hat mich richtig wie einen Erwachsenen behandelt.

Ich habe umstandslos die Sachen bekommen, die ich wollte oder die ich brauchte.

Beim Aufwachen freue ich mich auf den neuen Tag.

Wenn du an kleinen Erfolgserlebnissen interessiert bist, dann schlage ich dir vor, dass du den Kasten im Abstand von jeweils einem Monat durchschaust, um zu checken, ob du Fortschritte gemacht oder ob du sie gehalten hast.

Das Prinzip, dass ich dir mit auf den Weg geben möchte, lautet:

Spontane Äußerungen von Enttäuschung, Ärger und Wut führen meist zu negativen Reaktionen unserer Umwelt und wirken auch negativ auf uns selbst zurück.

Überlegte Reaktionen, die unseren „Gegnern“ keinen neuen Vorwand liefern, Ärger zu machen und Wut zu erzeugen, führen häufig zu positiven Ergebnissen auch für uns selbst.

10 Den Sack zubinden

Ich bin mit dir in den zurückliegenden neun Kapiteln eine Reihe von Methoden durchgegangen, die du sinnvollerweise benutzen kannst, um deinen Ärger und deine Wut zu kontrollieren. Jetzt bist du an der Reihe, diese Methoden in deinem Handeln anzuwenden.

Du kannst dein Handeln verändern.
Du kannst deinen Ärger in positive Handlungen überführen.
Du hast es in der Hand, dich selbst zu kontrollieren.
Du bist stark genug.
Du hast dazu alle Kraft.

Zum Schluss möchte ich in diesem letzten Kapitel mit dir noch einmal die Punkte durchgehen, die du behalten hast. Bitte schreibe in dem folgenden Kasten fünf Sachen auf, die du über deinen Ärger und deine Wut gelernt hast, und wie du sie kontrollieren kannst.

Was ich über meinen Ärger gelernt habe und wie ich meine Wut kontrollieren kann

Jetzt möchte ich, dass du dir selbst beweist, wie du deine Kenntnisse über deine Wut anwenden kannst. Dazu habe ich mir einen Test ausgedacht, fülle ihn bitte jetzt aus.

Auf S. 63 findest du einige richtige Antworten. Mit ihnen kannst du kontrollieren, inwieweit du den Test erfolgreich bewältigt hast.

Erste Frage:
Tom ist 15 Jahre alt. Er kam heute verspätet in die Schule, weil seine Mutter, die ihn gefahren hatte, einen Platten hatte. Der Klassenlehrer sagt vorwurfsvoll, dass dies nicht noch einmal passieren darf. Tom fühlt sich ungerecht behandelt, flucht auf den Lehrer und haut mit der Faust auf sein Pult.

Wer ist dafür verantwortlich, dass Tom seinen Ärger kontrolliert?
☐ Tom ☐ Der Klassenlehrer ☐ Toms Mutter

Zweite Frage:
Bitte erinnere dich an drei körperliche Anzeichen von Ärger und Wut.
1. ____________________
2. ____________________
3. ____________________

Dritte Frage:
Erinnere dich bitte an drei Verhaltensweisen, wie wir unseren Ärger ausdrücken können.
1. ____________________
2. ____________________
3. ____________________

Vierte Frage:
Was beeinflusst die Fähigkeit, deine Wut zu kontrollieren (mehrere Antworten sind möglich).
☐ Deine Erfahrungen in der Vergangenheit, wie andere Personen mit ihrer Wut umgegangen sind.
☐ Wenn du gestresst bist.
☐ Deine Erfahrungen, wie andere darauf reagiert haben, dass du deinen Ärger kontrollieren kannst.
☐ Wenn du müde und abgespannt bist.
☐ Wenn du nicht mehr aus noch ein weißt.

Fünfte Frage:
Jana ist 14, sie geht mit Tom – aber Tom hat sie mit ihrer besten Freundin Sarah betrogen. Als sie das herausgefunden hat, stellt sie Sarah zur Rede und prügelt auf sie ein.

Wer ist verantwortlich dafür, dass sich Jana in Zukunft besser unter Kontrolle hat?
[ ] Jana [ ] Tom [ ] Sarah

Sechste Frage:
Jason ist 21 Jahre alt. Er ist wegen verschiedener Schlägereien von der Schule geflogen. Jetzt hält er sich mit Gelegenheitsarbeiten über Wasser, kommt aber immer wieder wegen jeder Kleinigkeit in Schwierigkeiten. Bitte lass dir zwei Möglichkeiten einfallen, wie Jason wieder auf den rechten Weg gebracht werden könnte.

1. ______________________________
____
2. ______________________________
____

Siebte Frage:
Ich habe in diesem Buch symbolisch ein kleines Westentaschen-Teufelchen eingeführt, das deinen Ärger anheizt. Wie könntest du das Teufelchen auf sinnvolle Weise ruhig stellen?

Indem du ihm Futter gibst? [ ]
Indem du es einschläferst? [ ]
Indem du es aushungerst? [ ]

Achte Frage:
Bitte nenne zwei Wege, auf denen du deinen Ärger und deine Wut am besten kontrollierst?

1. ______________________________
____
2. ______________________________
____

Neunte Frage:
Fällt dir eine Frage ein, die du dir selbst stellen könntest, wenn du merkst, dass du wütend wirst?

____

____

Zehnte Frage:
Nenne bitte zwei Möglichkeiten, wie du auf positive Weise signalisieren kannst, dass du wütend bist?

1. ____

2. ____

Elfte Frage:
Bitte nenne zwei Handlungsweisen, die du auf keinen Fall anwenden solltest, um deinen Ärger positiv auszudrücken.

1. ____

2. ____

Zwölfte Frage:
Wer ist verantwortlich für deine Ärger-Kontrolle?
☐ Meine Umgebung ☐ Leute, die mich anmachen ☐ Ich selbst

Vielen Dank, dass du diesen Test gemacht hast. Hinweise auf richtige Antworten findest du auf Seite 63.

Erinnerst du dich an den Fragebogen zu deiner Wut von Seite 16 ff.? Er ist im Anschluss noch einmal abgedruckt. Bitte fülle ihn erneut aus und vergleiche ihn dann mit deinen Antworten zu Beginn dieses Buches.

Mein Ärger, mein Zorn, meine Wut – eine Selbstbefragung

Erste Frage: Wie häufig passiert es eigentlich, dass ich ärgerlich, zornig und vielleicht sogar wütend bin? (Unterstreiche deine Einschätzung.)

sehr oft manchmal selten eigentlich nie

Zweite Frage: Wie äußert sich mein Ärger körperlich? (Unterstreiche dabei jede der zutreffenden nachfolgenden Bemerkungen.)

Dritte Frage: Es gibt unterschiedliche Arten und Weisen, wütend zu werden und es anderen zu zeigen. Ich habe sie in drei Gruppen zusammengefasst und bitte dich, jeden dieser Begriffe genau zu überprüfen, ob er auf dich zutrifft oder nicht.

Wenn ja, dann bitte ankreuzen. Im Anschluss versuche ich dir zu helfen, deine Reaktionsweisen auf Wut zu verstehen und einzuschätzen.

Verhaltensweisen der Gruppe A

- [ ] Ich bedrohe mein Gegenüber.
- [ ] Ich schreie herum.
- [ ] Ich schlage die Tür zu.
- [ ] Ich boxe mein Gegenüber in die Seite.
- [ ] Ich fluche.
- [ ] Ich schwöre Rache.
- [ ] Ich werfe mit Gegenständen.
- [ ] Ich beschuldige und drohe.
- [ ] Ich zerbreche Sachen.
- [ ] Ich verliere meine Kontrolle.
- [ ] Ich sehe mich nach einer Waffe um.
- [ ] Ich werde ganz rücksichtslos.
- [ ] Ich sage schreckliche Dinge.
- [ ] ...

Verhaltensweisen der Gruppe B

- [ ] Ich wende die Kritik gegen mich selbst.
- [ ] Ich boxe mein Gegenüber heimlich in die Seite.
- [ ] Ich verbreite über mein Gegenüber schlimme Gerüchte.
- [ ] Ich füge mir selbst Schaden zu.
- [ ] Ich gebe mir selbst die Schuld für den Ärger
- [ ] Ich schlucke es herunter und warte auf bessere Zeiten.
- [ ] ...

Verhaltensweisen der Gruppe C

- [ ] Ich rede mit jemandem darüber.
- [ ] Ich versuche mich zu entspannen und werde ganz cool.
- [ ] Ich zähle bis zehn.
- [ ] Ich versuche es zu vergessen.
- [ ] Ich halte mich da raus.
- [ ] Ich gehe einfach weg.
- [ ] Ich schreibe meine Gefühle in ein Tagebuch.
- [ ] ...

Auf der folgenden Skizze schlage ich dir vor, deine Reaktionsweisen in einem Dreieck anzuordnen mit den folgenden Spitzen:

Gruppe A: Direkte Aggressionen
Gruppe B: Verdeckte Aggressionen oder Selbstbeschuldigungen
Gruppe C: Positive Formen der Verarbeitung von Wut

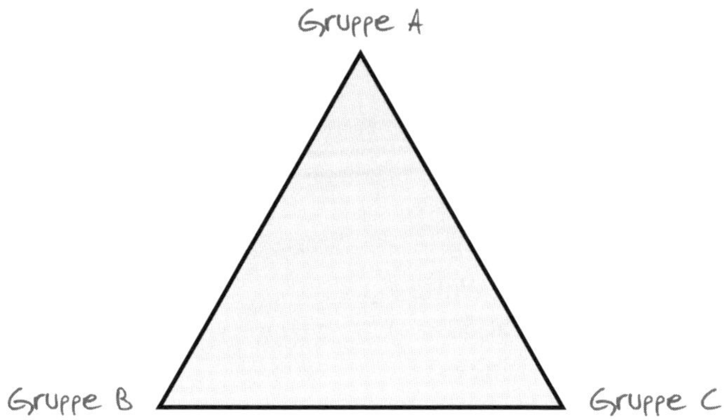

Platziere bitte in diesem Dreieck deine Reaktionen am besten als Kreissymbol in der Nähe der auf dich am meisten zutreffenden Spitze.

Ich bin gespannt, ob sich deine Antworten im Laufe der Arbeit mit diesem Buch verändert haben. Hast du die eine oder andere Veränderung zwischen dem ersten ausgefüllten Fragebogen und dem gerade jetzt wieder ausgefüllten Fragebogen bemerkt? Wenn du Veränderungen bemerkt hast – worin bestehen sie?

Ich hoffe, du kannst dir selbst bescheinigen, dass das Verständnis für deinen Ärger und deine Wut größer und sachlicher geworden ist, dass du aber auch gleichzeitig erfahren und gelernt hast, wie du deine Wut unter Kontrolle bringen kannst. Vielleicht nimmst du dir von Zeit zu Zeit wieder einmal dieses Buch vor, um deine Kenntnisse aufzufrischen und zu vertiefen. Es gibt so viele Möglichkeiten. Packen wir sie an! Und erinnere dich:

> Es kann dir immer wieder passieren, dass du ärgerlich und wütend wirst.
> Ärger und Wut sind alltägliche Gefühle.
> Aber wie du mit Ärger und Wut umgehst – dafür bist du allein verantwortlich.
> Positive Reaktionen führen zu positiven Ergebnissen.
> Negative Reaktionen führen zu negativen Ergebnissen.
> Du willst doch nicht als Verlierer dastehen!

Anhang 1 – Auflösung der Quiz-Fragen

1. Tom.
2. Vgl. mit meinen Hinweisen im 2. Kapitel.
3. Vgl. mit meinen Hinweisen im 3. Kapitel.
4. Alle aufgeführten Ursachen.
5. Jana.
6. Vgl. mit meinen Ausführungen im 8. Kapitel.
7. Aushungern.
8. Vgl. mit meinen Ausführungen im 7. Kapitel.
9. Vgl. mit meinen Ausführungen im 7. Kapitel.
10. Vgl. mit meinen Ausführungen im 7. Kapitel.
11. Vgl. mit meinen Ausführungen im 8. Kapitel.
12. Du selbst!

Anhang 2 – Szenarien

Welche Geschichten hängen mit welchen möglichen Ursachen für unsere Wut zusammen?

Szenario 1 Falsche Vorbilder, an denen ich mich orientiere.

Szenario 2 Falsche Beispiele, wie jemand sich durchsetzt, wenn er nur laut genug schreit.

Szenario 3 Vorurteile, die ich irgendwo gehört habe und an die ich glaube.

Szenario 4 Individuelle Unterschiede, begründet durch Hunger, Müdigkeit oder Stress.

Szenario 5 Enttäuschungen in Beziehungen, von denen ich mir sehr viel versprochen habe.